諷詩調詩集 · 48

풍諷계戒집集 · 15

박진환 제66시집

지성 · 감성의 메타언어
조선문학시인선 · 384

諷詩調詩集 · 48

풍諷계戒집集 · 15

조선문학사

■ 책머리에

풍시조(諷詩調)는 비아냥하기 · 헐뜯기 미학이다.

2014년 初夏

박 진 환

박진환 제66시집 / 諷詩調詩集 · 48

풍諷계戒집集 · 15

차례

옳은 국민 재판이거든

옳고 그름, 죄의 유무는 재판관이 하지만 재판의 결과를 두고
국민들이 하는 재판은 옳은 재판이 못됐을 때이다
再版 아닌, 국정원에 대한 특검 요구, 그게 옳은 국민 재판이거든

쓴맛이어서

대통령 · 국정원장 · 법무장관, 국정원 사건에 줄줄이 사과
배 내밀지 말고 진작에 사과 내밀 일이지
헌데 사과란 게 죄송 · 송구 · 잘못 등 단맛 아닌 쓴맛이어서

보였다

그중 나를 가까이 했던 아내는 언제부턴가 달라졌다
어느 것을 더 가까이 하는지는 몰라도 성경과 온라인 통장이다
일심과 동체에서 한발짝 밀려났더니 비로소 보이는 내자

보이는 것을

산의 높이를 보기 위해선 그중 낮은 곳에 내려서야 하고
강의 길이를 보기 위해선 그중 높은 곳에 올라서야 한다
인생이라고 다르랴, 내려서고 올라설줄 알아야 비로소 보이는 것을

살고 싶지 않은 게지

민생을 위해 정치를 하는 건지? 정치를 위해 민생을 다루는 건지
분명한건 전자쪽인데 정작 정치인들은 후자쪽에 서 있어서
줄서기 잘해야 살아남는 세상, 반대쪽에 서면? 살고싶지 않은게지

물리기도 해서

한번 물었다 하면 결코 놓아주지 않는 진돗개정신
그 속엔 충·용·신·의의 4덕이 들어있음이다
헌데 말씀이지, 주인이 물리기도 해서

통해서

'잘한다' 70%대 육박이면 대박, 문제는 나머지 30%
'못한다'면 잘하면 되지만 '무관심'이면 잘잘못이 안 통해
안통하면 불통, 어쩐다 불통은 먹통과도 통해서

이를 말해줌이거니

여론조사란 게 절대치 아닌 상대치여서 믿을게 못돼
'衆口'란 게 '난방'을 달고 살아서 열어둔 때와 막을 때가 다르거든
방민지구심어방수는 이를 말해줌이거니

※ 방민지구심어방수(防民之口甚於防水) : 중구(衆口)를 막아 민원이 쌓이는 것이 물을 막아 범람케 하는 것보다 더 해가 심함을 이르는 말로서 민중의 여론을 탄압한 것이 아니라는 뜻으로 사기(史記)에 나오는 말.

빛깔 달리해서

무지랭이 삶 부끄러이 여기지 않고 산다면 행
잘난 놈 잘살기 위해 부끄럼 모르고 살면 불행
행 · 불행이란 게 부끄러움 알고 모르기에 따라 빛깔 달리해서

떫어서

남재준 국정원장 대국민사과 3분 만에 끝나
3분이면 어디야, 사과 서넛은 너끈히 먹고 남을 시간
헌데 3분 사과맛이 쓰도 달도 않은 날감처럼 떫어서

불씨 될밖에

국정원 사건 마무리 지켜보던 민변 · 교수협 · 시민사회 특검 요구
검찰 못 믿겠다, 국정원장 해임하라가 주원인
허긴 상식만도 못한 상식 이하의 마무리니 불씨 될밖에

사마천의 말

금감원장, 은행장들 불러놓고 공개경고 했다던데
꿀도 약이라면 쓰다던데 경고면 120% 소금맛 아닐까
새겨볼 일이다 "쓴 말은 약이고 달콤한 말은 병"이라는 사마천의 말

미래의 대박감인데

무인기출현, UFO나 된 듯 화두, 화두의 중심엔 청와대 촬영
허긴 남녘의 심장부가 비밀리에 찍혔으니 당혹 당연, 문제는
군사용이냐? 상업용이냐? 후자로 화두 바꾸면 미래의 대박감인데

헌신짝 될 수도

미 중국견제용 잣대 대일 눈금에 새겨져 있어

일 자위권·무기수출 등 묵인 아닌 환영과 지지표명이 그래

허울좋은 동맹·혈맹, 미 국익계산 앞에선 우리처지 헌신짝 될 수도

안 뽑히는구나

남재준 국정원장을 악의 화신 모리아티로 비유 아닌 단언
영국격언에 "나쁜 말뚝은 항시 깊이 박혀 있다" 했던가
그렇구나, 뿌리 없이 깊이 박히기만 해도 안 뽑히는구나

우리 처지여서

냉전시대와 뜨거운 평화시대가 공존하는 지구촌
G2에 러·일, 세계는 지금 지역 맹주다툼의 호부우시대
문제는 우리, 고래싸움에 새우등 터진다는 우리말이 우리 처지여서

※ 호부우(虎負抙) : 범이 산모퉁이에 의지하여 있으면 그 용맹을 당할 수 없다는 뜻으로 영웅이 지역에 할거함을 비유한 맹자(孟子) 말.

이소사대

종북세력, 종박여당 등 從자 앞에 달기 좋아하는 시류성 유행어
從자의 뜻이 좇고 따름이니 이소사대가 아니던가
칸트왈, "유행을 벗어난 바보보다 따르는 바보가 되라" 했던가

※ 이소사대(以小事大) : 약자가 강자를 무조건 따름을 이르는 말.

잘 알 것 같아서

바른말 잘하기로 유명한 여당원로 왈 "울고싶다"고, 사연인즉
여당의원들 국민의 눈치 아닌 누구의 눈치를 보는지 답답해서라고
'누구'가 누구인지 몰라도 정작 당사자인 의원님들은 잘 알것 같아서

의심스러워서

남재준 국정원장의 사과 "뼈를 깎는 개혁추진" 발언 두고
"더 이상 깎을 뼈가 있을지 의심스럽다"는 반응이던데
그보다는 애초 뼈가 있긴 있었던 건지가 더 의심스러워서

딴전일 수밖에

진도 앞바다 세월호 침몰, 안전불감증이 부른 인재
꼼수·속임수 9단 정치인들에게 '안전'이란 방언에 불과
허니 안전은 딴전일 수밖에

두고 볼 밖에

박대통령, 세월호 침몰원인 규명, 책임자 엄벌 약속
범법사실 드러난 국정원 엄벌 약속도 사과로 마무리 했는데
글쎄요? 어떨지 두고 볼 밖에

끝나기 일쑤여서

통일대박 두고 북 흡수통일 기도라고 알레르기 반응
남은 통일 대통령 꿈꾸고, 북은 견고한 체제구축 꿈꾸고
헌데 꿈이란 게 일장화서몽으로 끝나기 일쑤여서

※ 일장화서몽(一場華胥夢) : 한바탕의 아름다운 꿈이란 뜻으로 황제가 낮잠에 무위자연의 나라 화서에서 노닌 꿈을 꾼 고사에서 유래한 말.

심술이 났나?

복지와 안전이 정부 핵심 키워드라며 부처명도 안전행정부로 개명
헌데 어쩐다, 경주 리조트, 진도 세월호가 보여준 대형참사
키워드가 잘못됐나? 잘못된 키워드에 용왕이 심술이 났나?

듣기 싫다

낭보라곤 들을 수 없는, 사건과 사건의 겹치기 뉴스
무슨 잘못을 그리 많이 저질렀기에 죄송·미안만 되풀이하는 뉴스
입에 버큼을 물고 늘어지는 헐뜯는 뉴스에 귀가 하는 말 "듣기 싫다"

이하여설까? 이상이어설까?

부처명은 안전행정부인데 이름관 달리 대형사고는 연발
국민안전중책 혹여 견벽불출로 자신의 안전만 지킨건 아닐지
안전은 중용의 길이라던데 안전의식 중용이하여설까? 이상이어설까?

※ 견벽불출(堅壁不出) : 굳건한 성으로 둘러싸인 속에서 나오지 아니한다 함이니, 안전한 곳에 들어앉아서 남의 침범으로부터 몸을 막음을 뜻함.

이를 어찌해

무인기로 공중망도 구멍 뻥, 세월호로 해상망도 구멍 뻥
뻥뻥 뚫린 구멍으로 들락이느니 불안과 공포
이러다 여좌침석, 국천척지 겹치면 이를 어찌해

※ 여좌침석(如座針席) : 바늘방석에 앉은 것 같이 불안하다는 말.

※ 국천척지(跼天蹐地) : 하늘이 높아도 부딪칠까 구부리고 땅이 두터워도 꺼질까 걱정 돼 조심스레 발을 떼어놓는다는 뜻으로 공포가 심하여 몸 둘 곳을 몰라함을 이르는 말.

우리인데

선장은 최후까지 배와 함께 운명을 같이하는 게 마도로스 정신
헌데 세월호 선장, 배 기울자 제일먼저 탈출, 허긴 세월호 뿐인가
나라 위태로울 때 백성 버리고 도망친 나랏님의 후예가 우리인데

구원 호소 했겠나

국가안전·국민안전 위해 부처명도 안전행정부로 바꾼 정부

갈팡질팡 세월호 참사 지켜보며 정부존재 이유에 회의적

오직 불신의벽 실감했으면 실종학생 학부모들 '국민들께 구원호소' 했겠나

책임전가까지

마도로스 정신은 배와 함께 운명을 같이함이 아닐까?
헌데 세월호 선장은 최후가 아닌 최초의 탈출자, 그뿐인가
안행부 · 해양수산부 · 해경은 갈팡질팡, 우왕좌왕에 책임전가까지

복과재생이나 아닐지

천재지변은 인간의 힘으로 어쩔 수 없으니 하늘을 탓하고
천재 아닌 인재엔 하늘 아닌 나랏님 탓하지
'잘한다' 70%대 육박으로 믿고 의지했더니 복과재생이나 아닐지

※ 복과재생(福過災生) : 복이 너무 지나치면 도리어 재앙이 생기는 법이란 뜻.

못 면하고

정부도 우왕좌왕, 대책본부도 갈팡질팡
유족들 삿대질에 배 아닌 정부 신뢰 물 건너가고
세월호 로고 sewol은 soul 신세 못 면하고

방언이거든

세월호 갑판·기관부 70%가 비정규직에 선장도 1년 계약직
화려한 카페리호 고용면에선 염전고용과 크게 안달라
비정규직에게 진돗개정신이란 말 방언이거든

영원한 삶도 있는 것을

「백년동안의 고독」 끝내고 노벨문학상 수상작가 마르케스 타계
고독을 죽음에 이르는 병이라 했던 것관 달리
백년동안의 고독 속에서 생을 건져올린 영원한 삶도 있는 것을

배 산으로 가고 있으니

어찌 세월호 선장뿐이겠는가, 고해를 저어가는 삿대
시대를 저어가는 사공, 나라를 이끌고 가는 나랏님도 다 선장이다
배를 일컬어 선, 구도자, 공덕이라던데, 어쩐다 배 산으로 가고 있으니

불승분노 일으켜서

갈팡질팡 안행부 행보는 갈지자, 구조승무원 3인은
선원명부에도 없고, 구조명단에 있던 딸은 어디에도 부재
사랑은 부재에서 탄생한다던데 세월호 부재는 불승분노 탄생시켜서

※ 불승분노(不勝忿怒) : 분노를 참지 못함.

떨어지지 않을지

세월호 침몰가족들 비난여론 빗발치자, 청 질책
헌데 질책이란 게 '잘한다' 먹칠하는 '못한다'여서
이러다 70%대 지지 40%대로 떨어지지나 않을지

그러한 것을

우왕좌왕 · 갈팡질팡 · 오락가락 · 뒤죽박죽
뭐가? 언론이 보도한 세월호 대책본부 갈지자 행보
어찌 그뿐이겠는가; 정치 · 경제 · 사회 행보 또한 그러한 것을

노여움일까

홍수재해, 정사를 잘못한 용의 노여움으로 알고
나랏님 우장 뒤집어쓰고 하늘에 빌었거니
오늘의 세월호 재앙은 누구의 잘못 꾸짖는 해신의 노여움일까?

더 있을 듯싶어서

세월호 침몰 두고 선장의 잘못으로만 몰아붙이던데
허긴 누군가가 뒤집어써야 매듭지을 터
헌데 선장은 물론 선장 말고도 책임져야 할 사람 더 있을 듯싶어서

못 면하게 됐으니

SEWOL, 유사음 SOUL 떠올리려 했던 듯싶은데
그랬으면 오랜 세월 좋았을 걸 SOUL 떠올리게 해서
SOUL이 유령 아니던가, 건져 올려봤자 유령선 못 면하게 됐으니

악몽 안 될지

사건은 물에서 터졌는데 정직 불은 입에서 붙어
귓바퀴 뜨거워 더는 들어줄 수 없는 입입마다 세월호 세월호
이러다 세월로 굳어버리면 호호 戶戶되어 집집마다 악몽 안 될지

씻어가려무나

연일 떠들어대는 세월호 세월호
세월아, 물살 센 명골물길 재촉해 흐르면서
시끄러워 따가운 귀도 닦아 씻어가려무나

戶완 달라서

바보상자가 밤낮으로 연일 토해내는 세월호 세월호
세상이 온통 戶戶마다 세월호로 시끌시끌 광광 굉음인데
굉음에도 막혀버린 귀, 어느 댁의 침묵은 戶완 달라서

저어가고 있는지들

세월호 선장실수 뭇매 맞아 실신직전이던데
스스로들 돌아볼 일이다, 고해 저어가는 삿대
일어서는 삶의 격랑 제대로 저어가고 있는지들

인생항해의 선장

누구나 난파당한 꿈을 인양하기 위해 선장이 된다
선장이 되어 수장된 꿈을 건져올릴 투망을 던진다
투망에 걸린 꿈조각들로 그물코를 꿰듯 꿰매는 인생항해의 선장

뱃사공인 것을

등대는 켜져 있는가, 나침판은 고장나지 않았는가
돛폭은 찢겨지지 않았는가, 노는 동강나지 않았는가
인생이란 쪽배로 고해를 저어가는 뱃사공인 것을

저지를 수 있거니

진도 가는 여울목 명골수도 아무리 물살 거칠고 험한들
격랑·노도의 고해만큼이나 하겠나? 묻노니 사공아
세월호 선장이 저지른 실수, 고해 저어가는 사공도 저지를 수 있거니

무 아닌가

안전이 핵심 키워드라며 출발한 안전행정부에 반해 국민들은 불안
키에르케고르 선생 왈 불안은 무라 했던데
맞는갑다, 불안은 있고 안전은 없으니 무 아닌가

엽전들 하는 짓이 그래

세월호, 군잠수함에 부딪쳐 침몰했다느니, 1억원을 주면
실종자를 꺼내주겠다느니 유언비어에 악성댓글 횡횡
헛소문과 거짓말은 서로 손을 잡고 있다더니 엽전들 하는 짓이 그래

이러했거니

세월호 참사가 주는 교훈, 정부에 대한 불신과 불안
이유는 정부의 능력과 신뢰에 대한 의구심
옛분들 상궁지조란 말 즐겨 쓴 이유가 이러했거니

※ 상궁지조(傷弓之鳥) : 화살에 맞은 새가 의심과 두려움이 많듯이 한번 혼남을 당한 일로 인해 항상 의심과 두려움을 갖다는 뜻.

우리의 자화상이

세월호 선장의 표정 속엔 우리의 자화상이 들어 있다
우리보다 한국의 표정이 들어 있다
안전불감증과 함께 수치심도 부끄러움도 모르는 민낯의 표정에

그런 것을

세월호 참사 지켜보며 한마디씩 하는 말 “무능한 정부”
‘잘한다’가 70% 육박했던 게 엊그젠데 정부 무능이라니
일규불통이 어찌 염통뿐이겠는가, 매사 불통이면 그런 것을

※ 일규불통(一揆不通)) : 염통의 구멍이 막혔다는 뜻으로 사리에 어두움을 일컫는 말.

호지부지

민주 · 창조경제가 그랬듯이 빛깔과 무늬는 고왔는데 호지부지
비정상의 정상화 구호 선창은 좋았는데 풀린 메아리로 호지부지
드레스덴 밑그림은 좋았는데 색칠 못하면 그 또한 호지부지

다르랴

현대차 한바퀴는 정규직이, 다른 한바퀴는 임시직이 조립
조립으로 차는 잘 미끄러져 가는데 임금격차에선 엇바퀴
바퀴 따로 구르면 전도되기 마련, 경제 · 사회 · 정치라고 다르랴

꼬리아인데

조선업 1위인 코리아, 해난사고는 1로는 부족해 선진국의 2배
허긴 1, 2가 어디 해운업뿐이겠냐, 꼴찌만도 못한 1위
따졌다 하면 불명예 1, 2위 꼬리 떼어내지 못한 게 꼬리아인데

뒤로 숨어서

세월호 대형사고 두고 인재만이 아닌 관재란 여론 비등
당항한 여당대표 대국민사과
비는데는 무쇠도 녹는다는데 정작 빌어야할 윗선은 여당 뒤로 숨어서

아닐지

언론지적에 의하면 정권·안보에는 상상초월의 유능
국가 기본 책무, 국민 안전에는 상상이하의 무능이란 평이던데
국가·국민보다 정권·안보 앞세운 등고자비 아닐지

※ 등고자비(登高自卑) : 높은 곳에 올라가려면 낮은 데서부터 출발해야 한다 함이니, 일의 진행에는 순서가 있음을 이르는 말. 곧 높은 지위에 오를수록 스스로 겸손해야 한다는 중용(中庸)에 나오는 말.

아닐 듯싶어서

연일 책임론, 세월호 선장·선원으로 몰고 가던데
틀린 것은 아니나 선장·선원보다 더 큰 책임질 곳 따로 있을 듯
불심지책 못 면할 곳이 한두 곳이 아닐 듯싶어서

※ 불심지책(不審之責) : 자세히 살펴 알지 못한데 대한 책임을 짐.

거시기 해서

박대통령 세월호 참사 문책성 발언 "지위고하막론" 책임추궁
15분에 걸쳐 200자 원고지 28장분량 발언 매서운 질책으로 일관
헌데 책임추궁·질책으로 고고자허면 거시기 해서

※ 고고자허(孤高自許) : 자기만 고결하다고 자부함.

정상은 아니지

인터넷 강국 자처하는 코리아, 정작 세계의 눈엔 '이상한 인터넷 강국'
어째서 이상할까? 보통과 다른 異狀일까? 남과 다른 異相일까?
아니면 정상적이 아닌 異常일까? 하긴, 누리꾼들 하는짓 정상은 아니지

다르지 않으니

세월호 안내방송만 믿고 끝까지 선실에 남았다 희생된 학생들
어찌 세월호뿐이겠는가? 空約인줄 모르고 公約만 믿은 국민들
복지 · 행복 구호만 믿고 기다리다 지친 국민의 꼴도 다르지 않으니

혈통이어서

대통령의 대명사 침묵·불통에 호통까지
호통에도 꿈쩍 않는 공무원 복지부동에 국민들은 분통
불통·호통·분통은 한 혈통인데 맹물만도 못한 피의 혈통이어서

부재란 뜻이니

각기 표현 달리한 여·야 세월호 참사 두고 똑같은 표현 한마디
무능정부, 정부부재
세월호 선장 탓할 일 아니네, 정치선장도 부재란 뜻이니

내일은 없다

진도, 아리랑 가락 안 들리고 들리느니 귀에 못이 박히도록
"대한민국이 싫다", "이게 나라냐"
정부의 내일 내일 또 내일에 속은 가족들의 절규, "내일은 없다"

것이어서

세월호 참사 놓고 '정부는 2차 가해자'란 말 터져 나와
오죽 피학의식이 강했으면 정부를 가학자 취급했겠나만
가학이란 게 통치 아닌 지배에서 나오는 것이어서

정부작태

세월호 제대로 구조도 못하면서 진상규명에만 관심
책임이 어떻고, 잘못이 어떻고보다 구조가 먼저 아니던가
참사 때마다 슬그머니 책임과 잘못 뒤로 숨는 정부작태

열외 못 면한 코리아

백악관 아시아 재균형 중심축 미·일 동맹전략 구축
배경으론 경제적 이해, 안보 이해를 보호하기 위한 종합적 계산
이번에도 또 빠진 열외 못 면한 코리아

정부의 고장난 위기관리

세계언론들 세월호 대응 실패두고 '선장의 자랑스런 전통 파기'니
'비겁한 리더십'이라고 한국기업 총수들과 싸잡아 비판
그보다 혹독한 질타는 무능한 '정부의 고장난 위기관리'라는 지적

먼저일 듯싶어서

박대통령 SNS와 인터넷 통한 유언비어나 루머 발본색원할 것 강조
허면 여당의원의 음모성 '선동꾼'과 '색깔론'은 어찌될까
세월호 선장 · 승무원 단죄보다 이들의 책임론이 먼저일 듯싶어서

피해자만 있을 뿐 아니던가

'제2의 가해자', '공범'
언론의 시각에 비친 정부의 모습이다
이 지경에 이르고 보면 세월호 참사엔 피해자만 있을 뿐 아니던가

고개 끄덕여져서

박대통령의 세월호 참사 현장방문 TV 지켜본 한 시청자 왈
경직된 대통령의 표정 두고 무감각, 판단력 부재, 나르시시즘 운운
그중 의지와 능력의 결여는 몸으로 드러난다는 말 고개 끄덕여져서

교훈 삼아 봄직해서

세월호 참사 정치교훈과 지성의 계기 삼았으면 어떨지
정부도, 국민도, 정당도, 언론도 정치 격랑에 침몰직전
순망치한 일깨워 돌아보게 했으니 교훈 삼아 봄직해서

※ 순망치한(脣亡齒寒) : 입술이 없으면 이가 시리다는 뜻으로 이해관계가 깊은 두 사람 중 한 사람이 망하면 다른 사람 또한 위험하게 됨을 이르는 말.

더 소망해서

올들어 대통령 · 국무총리, 여 · 야 당수 등 사과 풍년
빛깔과 맛 함량 미달이었지만 정치 비타민 된다면 흉년보다야
헌데, 국민들은 정치사과 연풍민락보다 흉년에 윤달 더 소망해서

※ 연풍민락(年豐民樂) : 풍년이 들어 백성들이 즐거워 한다는 뜻.

떼려 해도 뗄 수 없는 것이어서

총체적 부실이라면 한곳도 제대로 된 성한 곳이 없다는 뜻
비단 세월호·해수부뿐이겠는가, 정부부재란 말도 같은 맥락
헌데, 맥락이란게 혈맥으로 잇닿아 떼려 해도 뗄 수 없는 것이어서

나르시시즘이 아닐지

아비귀환 해난사고, 찾아오는 귀한 손님맞이, 핵장전 으름장 등
세상이 시끌시끌 수선수선 뒤죽박죽 어수선에 초상까지
이런 와중에도 즐기시는 고고자허, 나르시시즘 아닐지

※ 고고자허(孤高自許) : 자기만이 고결하다고 자부함.

예의일 것 같아설까

미 오바마 네 번째 방한 세월호 참사 위로차원의 조문이 될 듯
백악관 이미 아시아 재균형 중심축은 미·일 동맹이라 규정했거든
허니 지나가는 길에 조의나 표하고 가는 게 예의일 것 같아설까

이래서야

세월호 참사 책임 놓고 장관들 사이에 불협화음 인 모양이던데
서로들 책임전가 위해선듯 싶은데 혹여 약마복중 때문은 아닐지
그렇다치고 청와대마저 책임확산론 차단에 급급하다니, 이래서야

※ 약마복중(弱馬卜中) : 약한 말에 무거운 짐을 실었다 함이니 재력이 부족한 사람에게 힘에 겨운 어려운 일을 맡긴다는 뜻.

도사급이나 하지

사건 터질 때마다 정치인 상대 금품로비 들썩이던데
상식도 못된 상식이하의 것을 또 들썩이다니
그것도 아무나 하나, 천금불사백금불형을 아는 도사급이나 하지

※ 천금불사백금불형(千金不死白金不刑) : 천금을 쓰면 죽을 것을 면하고 백금을 쓰면 받은 형벌도 면한다 함이니 돈만 있으면 뭐든지 다할 수 있다는 뜻.

우리가 타고 있어서

배가 산으로 가지 않기 위해서는 조타수가 키를 잘 잡아야 한다
배에 선장이 있듯 모든 조직엔 키잡이가 있어 조직을 끌고간다
산으로 가는 배를 종종 보는데 종종 보는 그 배위에 우리가 타고 있어서

열외 됐거든

전략적 협력 동반자 관계의 발전 계속 증진키로 한
한·중 정상의 수사 두고 '의례적 수사로만 볼 수 없다'란 풀이던데
그도 그럴것이 '아시아 재균형 중심축 미·일 동맹'에서 한국 열외 됐거든

그러하지 않았던가

일 언론 세월호 사건 지켜보며 '삼류국가'란 말 자주 쓰는 모양
세계 최상급 조선기술국 체면에 먹칠한 대형참사
틀린 말 아닌 것이 거함 코리아호의 침몰이 그러하지 않았던가

침몰했던 것을

안전불감증, 정부부재, 3류 국가, 온갖 질타 불러온
세계 조선국 1위인 코리아의 체면에 먹칠한 세월호 참사
더 말해 뭣하랴, 거함 코리아호 또한 침몰했던 것을

주접 못 면하고

눈은 난시로 헛발질 심하고, 귀는 얇아 참말・거짓말 구분 못하고
입은 열 때나 닫을 때 몰라 헛소리 심한데
어쩌자고 코만 성해 재채기・콧물로 알러지 주접 못 면하고

해대는지

생각은 비뚤어져 바르지 못하고, 가슴은 무쇠가슴 못 면하고
마음엔 지닌 것 없어 뚫리고, 이마엔 무지개 사라진지 오래인데
어쩌자고 비위는 성해 역겨운 애역질만 해대는지

자가진단서

코가 성함은 도처에 상하고 썩은내 잘 맡는 까닭이요
비위가 성함은 물씬물씬 부패해가는 역겨움 때문이요
귀가 성함은 판치는 꼼수 가려들으려 함이니 건강한 편이다

더 잘 보여서

철없이 한세상 허송하다 보면 더러 보이는 것도 있다
참과 거짓, 선과 악, 욕망과 허무, 이기와 이타, 헌데
더 잘 보고 싶은건 안보이고 보지 말았으면 싶은 건 더 잘 보여서

때문일듯

어찌하여 사랑보다 미움에 더 잘 길들여지고
어찌하여 이타보다 이기에 더 잘 길들여지는지
소의인즉 잘못 길들여진 것 벗하고, 잘 길들여진 것 멀리한 때문일듯

유족들 아리랑

내일 내일 내일에도 내일은 없었고, 기적 기적 기적에도 기적은 없었다
미안 미안 미안은 할수록 꼬리 긴 매듭으로 이어졌고
슬픔 슬픔 슬픔은 퍼낼수록 마르지 않은 진도 앞바다로 범람했다

질타

세월호 참사 책임, 선장·선원에서 그 배후로 말아가면서
정작 져야할 책임 "우리는 책임이 없다"고 변명하는 청와대 두고
한국언론 침묵관 달리 외국언론들 '책임회피'라며 소리높여 질타

금 뒤로 밀려날 수도

미, 아시아 재균형축 미·일 동맹을 핵심축으로 설정, 한·중 견제에 나서
계산이 그렇다면 계산대로하면 될터이지만, 하난 알고 둘은 모르는듯
견제 앞세우다 평화와 번영 금가게 하면 금 뒤로 밀려날 수도 있어서

없는 건지 모르는 건지

1993년 10월 전북 부안 앞바다에서 일어난 서해 페리호 참사 때
정치는 감으로 한다는 김영삼 대통령은 사건 이틀만에 대국민 사과
헌데 박대통령 세월호 참사 침묵보면 감도 없는건지 모르는건지

책임조차 돌려서

월스트리트저널과 가디언지 세월호 사건 두고 박대통령 '책임회피'
뉴욕타임지는 "자랑스런 전통을 깬" 사건, 포브스는 '비겁한 리더십'
표현은 달라도 정부책임론, 헌데 한국언론, 책임조차 세월호에 맞춰서

자조론까지

늦장 · 혼선에 지지부진 · 갈팡질팡 · 우왕좌왕 사건처리에
후진국 3류 국가 폄하에 '비겁한 리더십' 정부부재론까지
이러니 '대한민국에 살기 싫다', '이것도 나라냐'는 자조론까지

표류중인 난민인 것을

세월호 침몰 참사 내 탓은 없고 네 탓만 난무던데
탓해 뭣하랴; 정작 침몰한건 정부부재의 거함 코리아호
너도나도 난파 못 면한 채 난바다에 표류중인 난민인 것을

soul호가 아니던가

아무래도 sewol호란 작명이 잘못됐나싶다
유령이란 soul과 소리값 형제뻘이어서
비명에 간 그 많은 생령들 넋 실려 있으니 soul호가 아니던가

죽겠네

냄새라곤 못맡는 멍코인 아내와 냄새엔 도통한 명코인 나
천생연분이려니 킁킁 벌름대며 숨쉬고 살았더니
웬걸, 비염앓이 못면한 막힌 코가 죄는 숨통, 숨 못쉬어 죽겠네

죄값인가 보다

고달픈 생 뉘어 숨 고르며 잠든 야삼경
막힌 코 풀며풀며 잠 내쫓는 불면의 비염앓이
남 못맡는 동취 귀신같이 맡아내는 명코가 죄가 되는 죄값인가 보다

불면

딱이 따로 풀지 못한 고민덩이 베고 자는 것도 아니고
무슨 별난 꿈 바라며 베개 높이 괴는 잠도 아닌데
밤마다 병 아닌 병, 비염앓이에 코 막혀 단잠 설치는 불면

양두구육도 유분수지

헤수부 세월호 참사 두고 충격상쇄용 기사 아이템 개발하라고
사고에 집중된 여론 따돌려 충격완화 하려는 꼼수인데
그 많은 꼼수론 부족했나? 양두구육도 유분수지

※ 양두구육(羊頭狗肉) : 양의 머리를 간판에 걸고 개고기를 판다함이니 겉은 그럴 듯하게 꾸미고 속은 음흉한 딴생각이 있음이니 꼼수를 두고 한 말.

유상유벌 됐으니

한국선급, 창조경제 최고경영자 대상에 국가 생산성 대상도 수상
알고 봤더니 자금유용, 연구비 빼돌리기 등 비리 일색
헌데 상이란 게 무상무벌이 아닌 유상유벌 됐으니

※ 무상무벌(無賞無罰) : 벌 받을 것이 없으면 상 받을 것도 없다는 말.

※ 유상유벌(有賞有罰) : 무상무벌관 반대로 벌 받을 것이 있으면 상 받을 것도 있다는 상을 비꼬는 일종의 조어.

•

박진환 시인은 전남 해남 출신으로 동국대 국문학과를 거쳐 중앙대 대학원을 졸업(문학박사)했다. 1960년 동아일보 신춘문예(詩)·1963년 自由文學(문학평론)으로 문단에 데뷔했고, 국제PEN한국본부 사무국장 및 이사, 한국문협 고문을 역임했다. 제9회 시문학상, 제3회 비평문학상, 펜문학상, 윤동주문학상 등을 수상했고, 한서대학교 교수 및 예술대학원장을 역임했으며 현재 월간『조선문학』발행인 겸 주간으로 있다. 중요 저서로는 시집에『귀로』,『사랑법』,『꽃시집』,『三行詩抄』Ⅰ~Ⅺ『諷詩調』,『박진환시전집』Ⅰ·Ⅱ·Ⅲ·Ⅳ·Ⅴ·Ⅵ·Ⅶ,『物神時代』Ⅰ·Ⅱ·Ⅲ·Ⅳ·Ⅴ,『동굴일지』Ⅰ·Ⅱ·Ⅲ·Ⅳ·Ⅴ,『2012년 8월』에서『2013년 7월』까지,『풍계집·1』에서『풍계집·25』까지 76권의 시집이 있고 평론집으로『한국현대시인론』,『현대시론』,『21C시학과 시법』등 다수와『한국시의 공간구조 연구』,『21C 시학』,『시창작론』,『諷詩調詩學』외 다수의 역저가 있다.

•

조선문학시인선 384

諷詩調詩集·48

풍諷계戒집集·15

2014년 8월 20일 인쇄
2014년 8월 30일 발행

지은이 / 박진환
발행인 / 박진환
펴낸곳 / 조선문학사
등록번호 / 1-2733
주소 / 120-853 서울 서대문구 통일로 389(홍제동)
전화 / 02-730-2255
팩스 / 02-723-9373

ISBN 978-89-98115-74-6

정가 10,000원